Kinderbeihilfen, Siedlungs-Kinderbeihilfen und Ausbildungsbeihilfen.

Ein Ratgeber.

Bearbeitet von

Steueramtmann Alfred Plischke.

Berlin 1939.

Walter de Gruyter & Co.

vormals G. J. Göschen'sche Verlagshandlung — J. Guttentag, Verlagsbuchhandlung — Georg Reimer — Karl J. Trübner — Veit & Comp.

Die Bestimmungen über die Gewährung von Kinderbeihilfen usw. gelten nach den Verordnungen vom

30. März 1938 (RGBl. I S. 341) und

25. November 1938 (RGBl. I S. 1670)

vom 1. April 1938 ab für das Land Österreich und vom 1. Januar 1939 ab auch für die sudetendeutschen Gebiete.

Archiv-Nr. 22 31 39.

Verzeichnis der Abschnitte

Diese kleine Schrift hat den Zweck, die Kinderreichen in großen Zügen mit den wichtigsten Bestimmungen über die Erlangung von einmaligen Kinderbeihilfen, Siedlungs-Kinderbeihilfen, laufenden Kinderbeihilfen und Ausbildungsbeihilfen bekannt zu machen. Sie soll ihnen sagen, welche Bedingungen zu erfüllen sind und welche Urkunden und Nachweise beigebracht werden müssen, wenn ihre Anträge Erfolg haben sollen. Diese Kenntnis wird sie vor Enttäuschung bewahren und die schnelle Erledigung ihrer Anträge fördern helfen.

Das nationalsozialistische Deutsche Reich hat mit seinen Hilfsmaßnahmen für kinderreiche Familien etwas so Großes und Einmaliges in der Welt geschaffen, daß deren Kenntnis aber auch für nicht unmittelbar Beteiligte von besonderem Interesse sein dürfte.

Einmalige Kinderbeihilfen.

Bis zum 31. Dezember 1938 konnten kinderreichen Familien allgemein einmalige Kinderbeihilfen „zur angemessenen Einrichtung des Haushalts" gewährt werden.

Nach den vom 1. Januar 1939 ab geltenden neuen Bestimmungen aber werden künftig Beihilfen dieser Art nur noch selbständigen Gewerbetreibenden, Landwirten, Angehörigen freier Berufe und den Kinderreichen der sudetendeutschen Gebiete gegeben.

An Stelle der Beihilfen zur angemessenen Einrichtung des Haushalts sind für alle Lohn- und Gehaltsempfänger, die erst nach dem 31. Dezember 1938 kinderreich werden, allgemein die „Siedlungs-Kinderbeihilfen" getreten.

Familien, denen bereits ein Teilbetrag der einmaligen Kinderbeihilfen „zur angemessenen Einrichtung des Haushalts" gewährt worden ist, kann der Restbetrag jetzt **nur noch als Siedlungs-Kinderbeihilfe** nachbewilligt werden, vorausgesetzt, daß sie alle Bedingungen erfüllen (Hinweis auf S. 6 und 17). **Nachbewilligungen** für die nach dem 31. Dezember 1938 geborenen oder in die Familie aufgenommenen Kinder **finden nicht mehr statt, auch nicht als Siedlungs-Kinderbeihilfen.**

Wieviel Kinder müssen vorhanden sein?

Als kinderreich im Sinne dieser Bestimmungen gelten Familien mit vier oder mehr Kindern unter 16 Jahren.

Wer ist berechtigt, den Antrag zu stellen?

Berechtigt zur Stellung des Antrags ist der gesetzliche Vertreter der Kinder oder der Eltern-, Stief-, Adoptiv- oder Pflegeelternteil, der für den Unterhalt der Kinder tatsächlich sorgt.

Wo ist der Antrag einzureichen?

Der Antrag auf Gewährung einmaliger Kinderbeihilfen ist bei der Gemeinde (in Berlin: bei dem Bezirksbürgermeister) zu stellen, in deren Bezirk der Antragsberechtigte zur Zeit der Antragstellung seinen Wohnsitz oder gewöhnlichen Aufenthalt hat.

Für die Antragstellung ist ein Vordruck zu benutzen, der von den Gemeinden kostenlos abgegeben wird.

Welche Urkunden sind dem Antrage beizufügen?

Dem Antrage sind beizufügen:

a) die Geburtsurkunden für sämtliche Kinder,

b) die Heiratsurkunden der Eltern,

c) die Heiratsurkunden der Großeltern der Kinder väterlicherseits und

d) die Heiratsurkunden der Großeltern der Kinder mütterlicherseits.

Siedlungs-Kinderbeihilfen.

Werden einmalige Kinderbeihilfen für Siedlungszwecke (als Siedlungs-Kinderbeihilfen) beantragt, so ist außer den unter a bis d aufgeführten Urkunden auch noch eine Bescheinigung der in Frage kommenden, unter lfd. Nr. 2—5 auf S. 17 u. 18 genannten Dienststellen beizufügen. Zu vergleichen auch die weiteren Ausführungen über Siedlungs-Kinderbeihilfen auf S. 15.

An Stelle der vollständigen Geburtsurkunden der Kinder können Geburtsscheine, in denen auch die Namen der Eltern angegeben sind, oder Familienstammbücher, welche die erforderlichen Angaben enthalten, beigefügt werden.

Kostenlose Ausstellung der Urkunden usw.

Die für Kinderbeihilfenzwecke erforderlichen Urkunden, Zeugnisse und Bescheinigungen werden von den zuständigen Reichs-, staatlichen und gemeindlichen Dienststellen kosten- und gebührenfrei ausgestellt. Auslandsbehörden erheben Gebühren.

Schwierigkeiten bei Beschaffung von Urkunden.

Sollten sich bei der Beschaffung der erforderlichen Urkunden besondere Schwierigkeiten ergeben, z. B. deswegen, weil sie aus dem Auslande zu beschaffen sind, weil der Geburtsort eines Eltern- oder Großelternteils oder die für die Ausstellung zuständigen Kirchen, Pfarrämter, Küstereien usw. nicht bekannt sind, oder weil der uneheliche Vater nicht zu ermitteln ist u. a., so wende man sich vertrauensvoll an die in Frage kommenden Standesämter oder Gemeindebehörden, welche die Antragsteller jederzeit bereitwilligst beraten werden.

Familienstand.

Maßgebend für den Familienstand ist der Tag der Antragstellung, das ist der Eingangstag des Antrags bei der Gemeindebehörde (in Berlin: bei dem Bezirksbürgermeister).

Stief- und Adoptivkinder.

Kinder, Stiefkinder und Adoptivkinder sind im Sinne dieses Gesetzes gleichberechtigt.

Uneheliche Kinder.

Zwischen ehelichen und unehelichen Kindern wird kein Unterschied gemacht, jedoch finden uneheliche Kinder, die nicht im Haushalt des Vaters leben, keine Berücksichtigung.

Abkömmlinge von Kindern usw., Pflegekinder.

Als Kinder im Sinne dieser Bestimmungen gelten auch die Abkömmlinge von Kindern, Stief- und Adoptivkindern und Pflegekinder und deren Abkömmlinge, wenn dem zum Unterhalt der Familie Verpflichteten den Vorschriften des Einkommensteuergesetzes gemäß für diese Kinder Kinderermäßigung zustehen oder Ermäßigung der Einkommensteuer zu gewähren sein würde.

Abkömmlinge dürfen aber nur dann berücksichtigt werden, wenn sie zum Haushalt des Antragstellers gehören oder sich mit dessen Genehmigung zum Zwecke der Erziehung oder wegen Erkrankung außerhalb seiner Wohnung aufhalten.

Verminderung der Kinderzahl nach der Antragstellung.

Stirbt ein Kind oder vollendet ein Kind das 16. Lebensjahr in der Zeit vom Tage der Antragstellung bis zum Tage der Auszahlung der Kinderbeihilfen, so hat diese Verminderung der Kinderzahl keinen Einfluß auf die Bewilligung der einmaligen Kinderbeihilfen.

Tod eines Kindes bald nach der Geburt.

Bei großer Notlage einer Familie kann ausnahmsweise für das fünfte oder ein weiteres lebend geborenes Kind die Nachbewilligung der einmaligen Kinderbeihilfen auch dann erfolgen, wenn das in Frage kommende Kind bald nach der Geburt verstorben ist.

Beihilfen an getrennt lebende Eheleute.

Nicht geschiedenen, aber getrennt lebenden Eheleuten mit vier und mehr Kindern können die einmaligen Kinderbeihilfen ebenfalls gewährt werden, wenn die erforderlichen Voraussetzungen erfüllt sind. Die Beihilfen erhält in diesem Falle derjenige Elternteil, der für die

Kinder tatsächlich sorgt. Hat jeder der beiden Elternteile Kinder zu sich genommen, für die er sorgt, dann werden die Kinderbeihilfen im Verhältnis der Zahl der Kinder auf die beiden Eltern verteilt.

Tod eines Elternteils.

Ist ein Elternteil verstorben und sind vier oder mehr Kinder unter 16 Jahren vorhanden, so können die einmaligen Kinderbeihilfen beim Vorliegen der erforderlichen Voraussetzungen auch dem überlebenden Teil gewährt werden.

Welche Voraussetzungen müssen die Antragsteller noch erfüllen?

Das Vorhandensein von vier lebenden Kindern unter 16 Jahren und die Vorlage der auf S. 6 unter a bis d angeführten Urkunden allein genügen aber noch nicht für die Gewährung einmaliger Kinderbeihilfen.

Es müssen auch noch folgende Voraussetzungen erfüllt sein:

Deutsche Staatsangehörigkeit, Deutschblütigkeit.

1. Die Eltern der Kinder müssen Deutsche Staatsangehörige und Deutschen oder artverwandten Blutes sein.

Angehörige der Freien Stadt Danzig.

Danziger Staatsangehörige, die ihren Wohnsitz oder gewöhnlichen Aufenthalt im Deutschen Reichsgebiet haben, sind wie Deutsche Staatsangehörige zu behandeln.

Artverwandten Blutes sind im allgemeinen die Völker Europas, auch dann, wenn sie in anderen Erdteilen leben.

Juden, Zigeuner, Mischlinge.

Juden, Zigeuner und deren Mischlinge scheiden aus.

Nach § 5 der Ersten Verordnung zum Reichsbürgergesetz ist Jude, wer von mindestens drei der Rasse nach volljüdischen Großeltern abstammt. Als volljüdisch gilt ein Großelternteil ohne weiteres, wenn er der jüdischen Religionsgemeinschaft angehört hat. Als Jude gilt auch der von zwei volljüdischen Großeltern abstammende staatsangehörige jüdische Mischling,

a) der beim Erlaß des Gesetzes der jüdischen Religionsgemeinschaft angehört hat oder danach in sie aufgenommen wird,
b) der beim Erlaß des Gesetzes mit einem Juden verheiratet war oder sich danach mit einem solchen verheiratet, oder
c) aus einer nach dem Gesetz zum Schutze des Deutschen Blutes und der Deutschen Ehre vom 15. September 1935 verbotenen Ehe stammt, oder
d) nach dem 31. Juli 1936 aus dem außerehelichen Verkehr mit einem Juden außerehelich geboren wird.

Staatenlose Ehefrauen.

Staatenlose Ehefrauen und solche mit ausländischer Staatsangehörigkeit erwerben durch die Eheschließung mit einem Deutschen Staatsangehörigen dessen Staatsangehörigkeit.

Wiederverheiratete Frauen.

Geschiedene Ehefrauen Deutscher Staatsangehörigkeit und Witwen verlieren bei einer Wiederverheiratung mit einem Ausländer die Deutsche Staatsangehörigkeit. Ihre Kinder sind daher Kinder einer Ausländerin und scheiden bei der Bewilligung einmaliger Kinderbeihilfen aus. Dieses gilt auch für ledige Frauen mit Kindern, die einen Ausländer heiraten.

Stief-, Adoptiv- und Pflegeeltern.
Unehelicher Vater.

Werden einmalige Kinderbeihilfen von Stief-, Adoptiv- oder Pflegeeltern beantragt, so müssen die unter Nr. 1 geforderten Voraussetzungen auch von den Eltern der Kinder erfüllt sein. Gleiches gilt für den unehelichen Vater.

Besitz der bürgerlichen Ehrenrechte.

2. Die Eltern müssen im Besitz der bürgerlichen Ehrenrechte sein.

Wer infolge seines schlechten Verhaltens gegenüber Volk und Staat gerichtlich bestraft ist und die bürgerlichen Ehrenrechte verloren hat, der soll auch nicht an den Vergünstigungen des Staates teilnehmen.

Treue zu Volk und Reich.

3. Die Eltern müssen gewillt und geeignet sein, dem Deutschen Volk und Reich in Treue zu dienen.

Beide Eheleute haben eine schriftliche Versicherung darüber abzugeben, daß sie gewillt sind, sich jederzeit rückhaltlos für den nationalsozialistischen Staat einzusetzen.

Bei Volksgenossen, die früher der KPD. angehört oder sich im Kampfe gegen die NSDAP. und das Dritte Reich aktiv betätigt haben, wird die gegenwärtige Einstellung zum Dritten Reich durch besondere Erhebungen festgestellt.

Ist die Ehe geschieden oder lebt nur noch ein Elternteil, so können dem Elternteil, der die Sorge für die Kinder übernommen hat, die einmaligen Kinderbeihilfen ausgezahlt werden. Die nationale Einstellung und die Frage des Besitzes der bürgerlichen Ehrenrechte des verstorbenen bzw. nicht mehr für die Kinder sorgenden Elternteils unterliegt in diesem Falle nicht mehr der Prüfung.

Vorleben, Leumund, soziales Verhalten.

4. Vorleben, Leumund und soziales Verhalten der Eltern müssen erwarten lassen, daß die Beihilfen zur Besserung der wirtschaftlichen Lage der Familie verwendet werden.

Die Eltern müssen ihrem Vorleben und ihrem sozialen Verhalten nach die Gewähr bieten, daß sie nicht nur ihr Einkommen, sondern auch die zu bewilligenden einmaligen

Kinderbeihilfen tatsächlich zur Hebung der wirtschaftlichen Lage ihrer Familie und ihrer Kinder verwenden werden. Trinker, Arbeitsscheue und unwirtschaftliche Personen, die sich der Sorge für ihre Kinder und ihre Familie entziehen, erhalten keine Beihilfen.

Einkommens- und Vermögensverhältnisse.

5. Der zum Unterhalt Verpflichtete darf nach seinen gegenwärtigen Einkommens- und Vermögensverhältnissen nicht in der Lage sein, die Gegenstände, die zu einer angemessenen Einrichtung des Haushalts erforderlich sind, aus eigenen Mitteln zu beschaffen.

Bei der Feststellung der Einkommens- und Vermögensverhältnisse sind die Verhältnisse beider Elternteile bzw. des zum Unterhalt der Kinder Verpflichteten zu prüfen. Auch etwaige Zahlungen des unehelichen Vaters sind festzustellen.

Erbgesundheit.

6. Gegen die Familie dürfen keine schwerwiegenden gesundheitlichen Bedenken bestehen, die eine Förderung der Kinder aus erbpflegerischen Gründen nicht angebracht erscheinen lassen.

Ärztliche Untersuchung.

Wenn die Gemeindebehörde (in Berlin: der Bezirksbürgermeister) festgestellt hat, daß die geforderten Voraussetzungen für die Bewilligung einmaliger Kinderbeihilfen erfüllt sind, veranlaßt sie die Untersuchung der Familie durch das Gesundheitsamt.

Bei Stief-, Adoptiv- und Pflegeeltern erfolgt keine Prüfung der Erbgesundheit, wohl aber bei solchen Elternteilen, die bereits durch Scheidung, Getrenntleben oder Tod aus der Familie ausgeschieden sind. Im letzteren Falle sind geeignete Erhebungen anzustellen.

Ist der uneheliche Vater bekannt, so hat auch seine amtsärztliche Untersuchung auf Erbgesundheit stattzufinden.

Erbliche Belastung.

Schwerwiegende erbliche Belastung der Eltern oder Kinder schließt die Bewilligung von einmaligen Kinderbeihilfen aus.

Infektionskrankheiten.

Infektions- und andere Krankheiten stellen keinen Ausschließungsgrund dar.

Keine doppelte Beschaffung von Nachweisen.

Ist der Gesundheitsnachweis der Familie, der Nachweis der deutschen Staatsangehörigkeit und der Nachweis der deutschblütigen Abstammung schon früher einer Behörde oder einer Dienststelle der NSDAP. erbracht worden, dann genügt die Vorlage einer entsprechenden Bescheinigung der betreffenden Dienststelle. Die Vorlage des Ehrenbuches des Reichsbundes der Kinderreichen gilt als Nachweis der Erbgesundheit.

Ablehnung des Antrags.

Stellt die Gemeinde (in Berlin: der Bezirksbürgermeister) fest, daß nicht alle Voraussetzungen für die Gewährung der Kinderbeihilfen erfüllt sind, so hat sie den Antrag ohne Angabe der Gründe abzulehnen.

Der Antragsteller kann in diesem Falle die Entscheidung des für ihn zuständigen Finanzamts beantragen.

Weitergabe des Antrags an das Finanzamt.

Die von der Gemeinde (in Berlin: vom Bezirksbürgermeister) in Ordnung befundenen Anträge werden an das zuständige Finanzamt weitergereicht.

Das Finanzamt entscheidet über die ihm durch die Gemeinde (in Berlin: vom Bezirksbürgermeister) vorgelegten Anträge und teilt seine Entscheidung dem Antragsteller, im Fall der Ablehnung ohne Angabe der Gründe, im Fall der Bewilligung durch einen Bewilligungsbescheid, schriftlich mit.

Bewilligung der Beihilfen und Ausgabe von Bedarfsdeckungsscheinen.

Sind Kinderbeihilfen bewilligt, so händigt die Finanzkasse gegen Vorlegung des erteilten Bewilligungsbescheides und gegen Abgabe einer Empfangsbescheinigung die Kinderbeihilfen in Form von Bedarfsdeckungsscheinen — nicht in Bargeld — aus.

Verwendung der Bedarfsdeckungsscheine.

Mit Bedarfsdeckungsscheinen kann man nicht in jedem Geschäft einkaufen. Sie dürfen nur in solchen Verkaufsstellen in Zahlung gegeben werden, die zur Entgegennahme von Bedarfsdeckungsscheinen zugelassen und durch Aushang kenntlich gemacht sind.

Bedarfsdeckungsscheine mit genauer Anschrift versehen.

Bevor die Bedarfsdeckungsscheine in Zahlung gegeben werden, sind sie auf der Rückseite an der dafür vorgesehenen Stelle vom Beihilfeempfänger mit seiner genauen Anschrift (Name, Wohnort, Straße, Hausnummer) zu versehen, und zwar mit Tinte oder Tintenstift.

Ungültige Bedarfsdeckungsscheine.

Bedarfsdeckungsscheine, auf denen Name, Wohnort und Wohnung fehlen, werden weder von den Verkaufsstellen in Zahlung genommen noch von der Finanzkasse eingelöst.

Bedarfsdeckungsscheine, von denen eine Ecke abgeschnitten ist, sind ungültig.

Die Bedarfsdeckungsscheine sind weder übertragbar noch pfändbar.

Für verlorengegangene Bedarfsdeckungsscheine wird Ersatz nicht geleistet.

Welche Gegenstände dürfen mit Bedarfsdeckungsscheinen zur angemessenen Einrichtung des Haushalts erworben werden?

Die Bedarfsdeckungsscheine der Kinderbeihilfen berechtigen zum Erwerb folgender Gegenstände:

1. Gebrauchsmöbel, die zur Errichtung von Schlafzimmern und Küchen (auch Wohnküchen) erforderlich sind,
2. Hausgeräte, die zur Einrichtung eines schlichten Haushalts erforderlich sind, und
3. Wäsche, die nicht überwiegend aus naturseidenen Stoffen hergestellt ist. Hierunter fallen auch Strümpfe, Unterkleidung und Stoffe zur Herstellung von Wäsche und Unterkleidung.

Siedlungs-Kinderbeihilfen.

Außer den Bedarfsdeckungsscheinen der vorbezeichneten Art, die zum Erwerb von Möbel, Hausgerät usw. berechtigen, können die einmaligen Kinderbeihilfen auch als „Kinderbeihilfen für Siedlungszwecke“ (Siedlungs-Kinderbeihilfen) gewährt werden. Dies geschieht durch Ausgabe einer besonders kenntlich gemachten Art von Bedarfsdeckungsscheinen, den sogenannten Bedarfsdeckungsscheinen S.

Verwendung der Bedarfsdeckungsscheine S.

Die Bedarfsdeckungsscheine S berechtigen nicht nur zum Erwerb von Möbel, Hausgerät und Wäsche, sondern sie können vor allen Dingen Verwendung finden:

A. 1. zur Aufbringung eines Teils des Eigenkapitals für die Finanzierung neuer Kleinsiedlungen oder landwirtschaftlicher Stellen;

2. zum Ausbau zusätzlicher Wohn- oder Wirtschaftsräume bereits bestehender Kleinsiedlungen, landwirtschaftlicher Stellen oder Eigenheime und zur Beschaffung wirtschaftlicher Einrichtungen, die mit dem Gebäude oder mit dem Grund und Boden fest verbunden werden, insbesondere Licht- und Wasseranlagen, Pumpen, Herde und Öfen, Zäune, Kleintierställe und Düngerstätten, wenn die erforderlichen Lieferungen und Leistungen von Bauunternehmern, Lieferanten von Baumaterialien u. dgl. oder Handwerkern ausgeführt werden, die zur Entgegennahme von Bedarfsdeckungsscheinen der Kinderbeihilfen zugelassen sind;
3. zur Beschaffung von Maschinen und Geräten, die für den Betrieb des Antragstellers erforderlich sind, in solchen Verkaufsstellen, die zur Entgegennahme von Bedarfsdeckungsscheinen der Kinderbeihilfen zugelassen sind.

B. Nach Vorlage der schriftlichen Zustimmung des zuständigen Kreisbauernführers kann das Finanzamt auf Antrag auch den Ankauf
1. einer Milchkuh oder einer Milchziege oder eines Milchschafs,
2. von Kleinvieh oder Schweinen, die für die Tierhaltung auf einer Siedlerstelle erforderlich sind,

bei einem Verkäufer, gegen den der Kreisbauernführer keine Bedenken erhebt, zulassen. Voraussetzung ist, daß die Tiere zur Viehhaltung und nicht zum alsbaldigen Verbrauch gekauft werden sollen. Den Anträgen ist eine Bescheinigung der zuständigen Gemeindebehörde oder eines Siedlungsträgers beizufügen, daß der Antragsteller die erforderlichen Ställe usw. besitzt und daß die zu einer Viehhaltung in angemessenem Umfang erforderlichen Tiere noch nicht vorhanden sind.

Welche Bedingungen muß der Bewerber um Siedlungs-Kinderbeihilfen erfüllen?

Zu beachten ist, daß der Bewerber, um Siedlungs-Kinderbeihilfen zu erhalten,

1. **alle Bedingungen erfüllen muß, die für die Erlangung einer einmaligen Kinderbeihilfe gefordert werden** (zu vgl. die Ausführungen auf S. 6 und 9 bis 12).

Außerdem muß er noch beibringen:

2. **entweder eine Bescheinigung des Siedlungsträgers** (Verzeichnis der Siedlungsträger S. 19 Anl. 1), **daß er als Siedlungsanwärter oder Siedler für eine durch Reichsdarlehen oder Reichsbürgschaft zu fördernde oder geförderte Kleinsiedlung zugelassen oder angesetzt ist und die Siedlungs-Kinderbeihilfe für einen der unter A und B** (S. 15 u. 16) **bezeichneten Zwecke benötigt, oder**

3. **eine Bescheinigung der Bewilligungsbehörde oder der von dieser ermächtigten Behörde — Anerkennungsbehörde** — (Verzeichnis der Bewilligungs- und Anerkennungsbehörden S. 19 u. 20 Anl. 2 und 3), **daß seine Kleinsiedlung durch Anerkennung gefördert wird oder worden ist und daß er die Siedlungs-Kinderbeihilfen für einen der unter A und B** (S. 15 u. 16) **genannten Zwecke benötigt, oder**

4. **eine Bescheinigung der zuständigen Siedlungsbehörde** (Verzeichnis der Siedlungsbehörden S. 20 Anl. 4), **daß seine landwirtschaftliche Stelle auf Grund der gesetzlichen Bestimmungen zur Neubildung Deutschen Bauerntums gefördert**

wird oder worden ist und daß er die Siedlungs-Kinderbeihilfen für einen der unter A und B (S. 15 u. 16) **genannten Zwecke benötigt, oder**

5. **eine Bescheinigung der zuständigen staatlichen Kreisbehörde** (Verzeichnis der staatlichen Kreisbehörden S. 20 Anl. 5), **daß er als ländlicher Arbeiter oder Handwerker ein Eigenheim errichtet oder errichtet hat, dessen Herstellung nach den gesetzlichen Bestimmungen gefördert wird oder worden ist, und daß er die Siedlungs-Kinderbeihilfen für einen der unter A und B** (S. 15 u. 16) **genannten Zwecke benötigt.**

Der Reichsfinanzminister kann auch Siedlungs-Kinderbeihilfen an Antragsteller gewähren, die ein Eigenheim errichten oder ausbauen wollen, aber keine der vorstehend bezeichneten Bescheinigungen beibringen können.

Auch diese Anträge sind bei der Gemeinde (in Berlin: bei dem Bezirksbürgermeister) einzureichen, die sie nach erfolgter Prüfung an das Finanzamt weiterreicht.

Höchstbetrag der Kinder- und Siedlungs-Kinderbeihilfen.

Der Höchstbetrag der einmaligen Kinderbeihilfen und Siedlungs-Kinderbeihilfen für ein Kind ist 100 RM. Der volle Betrag wird aber gegenwärtig nur bei Bewilligung von Siedlungs-Kinderbeihilfen gegeben. In den übrigen Fällen liegen die bewilligten Beträge zur Zeit zwischen 50 und 80 RM für jedes Kind, je nach Lage des Einzelfalles und der jeweils vorhandenen Mittel, die sich ja aus den Rückzahlungsraten der bewilligten Ehestandsdarlehen ergänzen.

Der Höchstbetrag der einmaligen Kinderbeihilfen, der einer Familie insgesamt gewährt werden kann, ist 1000 RM.

Für jedes nach der Bewilligung der einmaligen Kinderbeihilfen **lebend** geborene Kind kann, solange die Höchstbetragsgrenze von 1000 RM noch nicht erreicht ist, eine weitere Kinderbeihilfe beantragt werden.

Anlage 1

Verzeichnis der Siedlungsträger

Siedlungsträger sind:

1. die Länder, Gemeinden und Gemeindeverbände (unmittelbare Siedlungsträger),
2. die vom Reichs- und Preußischen Arbeitsminister als unmittelbare Siedlungsträger zugelassenen gemeinnützigen Wohnungs- und Siedlungsunternehmen,
3. sonstige Unternehmen, die als mittelbare Siedlungsträger auf Grund der Bestimmungen über die Förderung der Kleinsiedlung zugelassen sind (mittelbare Siedlungsträger).

Anlage 2

Verzeichnis der Bewilligungsbehörden

Die zuständigen Bewilligungsbehörden sind:

1. in Preußen:
   a) die Regierungspräsidenten,
   b) der Verbandspräsident des Siedlungsverbands Ruhrkohlenbezirk in Essen,
   c) der Stadtpräsident der Reichshauptstadt Berlin in Berlin;
2. in den außerpreußischen Ländern:
   a) in Bayern: die Regierungen unter Aufsicht des Bayerischen Staatsministeriums für Wirtschaft (Abteilung für Arbeit und Fürsorge in München),
   b) in Baden: die Badische Landeskreditanstalt für Wohnungsbau in Karlsruhe unter Aufsicht des Badischen Ministers des Innern,
   c) in Württemberg: die Württembergische Landeskreditanstalt in Stuttgart unter Aufsicht des Württembergischen Innenministers,
   d) in den übrigen Ländern: die zuständigen obersten Landesbehörden.
3. im Saarland: der Reichskommissar für das Saarland.

Anlage 3

Anerkennungsbehörden

sind die vorstehend aufgeführten Bewilligungsbehörden oder die von ihnen ermächtigten nachgeordneten staatlichen Verwaltungsbehörden, das sind zur Zeit in Bayern in den Landkreisen die Bezirksämter und in Schaumburg-Lippe der Landrat.

Anlage 4

Verzeichnis der Siedlungsbehörden der Länder für die Neubildung deutschen Bauerntums

1. Preußen: die Landeskulturabteilung der Oberpräsidenten in Königsberg, Stettin, Berlin (für die Provinzen Grenzmark Posen-Westpreußen und Brandenburg), Breslau, Magdeburg, Hannover, Kiel, Münster i. Westf., Kassel, Koblenz sowie die Kulturämter.
2. Bayern: Bayerisches Staatsministerium für Wirtschaft (Abteilung für Landwirtschaft).
3. Sachsen: Sächsisches Wirtschaftsministerium (Abteilung Landwirtschaft).
4. Württemberg: Württembergisches Wirtschaftsministerium.
5. Baden: Badisches Finanz- und Wirtschaftsministerium (Abteilung für Landwirtschaft und Domänen).
6. Thüringen: Thüringisches Wirtschaftsministerium (Abteilung Landwirtschaft).
7. Hessen: Reichsstatthalter in Hessen, Landesregierung.
8. Hamburg: Behörde für Technik und Arbeit.
9. Mecklenburg: Mecklenburgisches Ministerium für Landwirtschaft, Domänen und Forsten (Abteilung Siedlungsamt).
10. Oldenburg: Minister des Innern.
11. Braunschweig: Braunschweigisches Finanzministerium.
12. Anhalt: Anhaltisches Staatsministerium (Abteilung Finanzen).
13. Bremen: Staatskommissar für das Siedlungswesen in Bremen.
14. Lippe: Lippische Landesregierung.
15. Schaumburg-Lippe: Schaumburg-Lippische Landesregierung.
16. Saarland: Reichskommissar für das Saarland.

Anlage 5

Staatliche Kreisbehörden:

in Preußen: die Landräte,
in Bayern: die Bezirksämter,
in den übrigen Ländern: die entsprechenden Behörden.

Anlage 6

Verzeichnis der für die Neubildung deutschen Bauerntums vorläufig zugelassenen Siedlungsunternehmungen

1. Für das gesamte Reichsgebiet:

   a) Deutsche Ansiedlungsbank, Berlin W 8, Behrenstraße 14—16,
   b) Deutsche Gesellschaft für innere Kolonisation, Berlin-Dahlem, Drosselweg 1,
   c) Reichsumsiedlungsgesellschaft m. b. H., Berlin W 9, Saarlandstraße 128 (für Umsiedlungen);

2. für Ostpreußen:

   a) Ostpreußische Landgesellschaft m. b. H., Königsberg, Theaterstraße 4,
   b) Gemeinnützige Siedlungsgesellschaft Deutscher Osten m. b. H., Berlin W 9, Potsdamer Straße 140;

3. für Pommern:

   a) Pommersche Landgesellschaft m. b. H., Stettin, Arndtstraße 18 a,
   b) Vorpommersche Bauernhofgesellschaft m. b. H. (für Vorpommern), Stralsund, An den Bleichen 7,
   c) Deutsche Siedlung G. m. b. H., Belgard (Persante), Böhmer Straße 1;

4. für Brandenburg:

   a) Landgesellschaft Eigene Scholle G. m. b. H., Frankfurt a./O., Halbe Stadt 7,
   b) Bauernhof G. m. b. H., Berlin-Wilmersdorf, Kaiserallee 200,
   c) Gemeinnützige Siedlungsgesellschaft Deutscher Osten m. b. H., Berlin W 9, Potsdamer Straße 140,
   d) Gesellschaft für „Landsiedlung" m. b. H., Berlin W 9, Eichhornstraße 6,
   e) Siedlungsgesellschaft „Deutsch-Land" m. b. H., Berlin N 24, Oranienburger Straße 13—14;

5. für die Grenzmark:

   a) Landgesellschaft Eigene Scholle G. m. b. H., Frankfurt a./O., Halbe Stadt 7,
   b) Bauernhof G. m. b. H., Berlin-Wilmersdorf, Kaiserallee 200,
   c) Siedlungsgesellschaft „Deutsch-Land" m. b. H., Berlin N 24, Oranienburger Straße 13—14;

6. für Niederschlesien:
   a) Schlesische Landgesellschaft m. b. H., Breslau, Herbert-Stanetzki-Straße 46,
   b) Gesellschaft für „Landsiedlung" m. b. H., Berlin W 9, Eichhornstraße 6;
7. für Oberschlesien:
   a) Oberschlesische Landgesellschaft m. b. H., Oppeln, Sternstraße 24,
   b) Gesellschaft für „Landsiedlung" m. b. H., Berlin W 9, Eichhornstraße 6;
8. für Mecklenburg:
   a) Mecklenburgische Landgesellschaft m. b. H., Schwerin i. Mecklb., Alexandrinenstraße 6,
   b) Deutsche Erde, Siedlungsgesellschaft m. b. H., Schwerin i. Mecklb., Alexandrinenstraße 14,
   c) Pflug und Egge, Landsiedlungsgesellschaft m. b. H., Berlin-Dahlem, Breitenbachplatz 17—19 (auch für Lübeck);
9. für Schleswig-Holstein:
   a) Schleswig-Holsteinische Landgesellschaft, Kiel, Schloßgarten 1;
10. für Hannover:
    a) Hannoversche Siedlungsgesellschaft m. b. H., Hannover, Leisewitzer Straße 1, D I;
11. für Braunschweig: Braunschweigische Siedlungsgesellschaft m. b. H., Braunschweig, Wolfenbüttler Straße 2;
12. für Provinz Sachsen und Anhalt:
    a) Siedlungsgesellschaft Sachsenland m. b. H., Halle a./S., Mühlweg 22,
    b) Bauernhof G. m. b. H., Berlin-Wilmersdorf, Kaiserallee 200 (für Provinz Sachsen),
    c) Gemeinnützige Siedlungsgesellschaft „Anhaltland" m. b. H., Dessau, Bismarckstraße, Behördenhaus II (Durchführung von Anliegersiedlungen im Freistaat Anhalt);
13. für Freistaat Sachsen:
    Sächsische Bauernsiedlung G. m. b. H., Dresden-A 1, Prager Straße 33 I;
14. für Thüringen:
    Thüringische Landessiedlungsgesellschaft m. b. H., Weimar, Darré-Haus (Haus der Bauern);

15. für Bayern und für das Saarland:
Bayerische Bauernsiedlung G. m. b. H., München 2 NO., Kanalstraße 29;
16. für Hessen-Nassau:
a) Regierungsbezirk Kassel: Siedlungsgesellschaft Hessische Heimat, m. b. H., Kassel, Weißenburgstraße 12;
b) Regierungsbezirk Wiesbaden: Nassauische Siedlungsgesellschaft m. b. H., Frankfurt a. M., Hermann-Göring-Ufer 13;
17. für Freistaat Hessen:
a) Hessisches Staatsministerium — Abteilung I c (Landwirtschaft) —, Landessiedlungsamt, Darmstadt,
b) Nassauische Siedlungsgesellschaft m. b. H., Frankfurt a. M., Hermann-Göring-Ufer 13;
18. für die Rheinprovinz:
Siedlungsgesellschaft Rheinisches Heim m. b. H., Bonn, Sebastianstraße 62;
19. für Westfalen, Lippe und Schaumburg-Lippe:
Siedlungsgesellschaft „Rote Erde", Münster i. Westf., Adolf-Hitler-Straße 44;
20. für Baden:
Badische Landessiedlung, Karlsruhe i. B., Hans-Thoma-Straße 1;
21. für Württemberg und Regierungsbezirk Sigmaringen (Hohenzollern):
Württembergische Landsiedlung G. m. b. H., Stuttgart, Friedrichstraße 23 a;
22. für Oldenburg:
Siedlungsamt in Oldenburg i. O.

Anlage 7

Verzeichnis der für die Annahme der Bedarfsdeckungsscheine S in Betracht kommenden Verfahrensträger

Preußen: Preußische provinzielle Heimstätten (Provinzielle Treuhandstellen für Wohnungs- und Kleinsiedlungswesen), nämlich:
a) Ostpreußische Heimstätte G. m. b. H., Königsberg i. Pr., Bernekerstraße 9,
b) Brandenburgische Heimstätte G. m. b. H., Berlin NW 40, Roonstraße 9,
c) Pommersche Heimstätte G. m. b. H., Stettin, Händelstraße 17,
d) Heimstätte Grenzmark G. m. b. H., Schneidemühl, Adolf-Hitler-Straße 3,

e) Schlesische Heimstätte G. m. b. H., Breslau 16, Hansastraße 34,
f) Oberschlesische Heimstätte G. m. b. H., Oppeln, Goethestraße 1,
g) Mitteldeutsche Heimstätte G. m. b. H., Magdeburg, Domplatz 7,
h) Heimstätte Schleswig-Holstein G. m. b. H., Kiel, Dammstraße 32 (Postschließfach 66),
i) Niedersächsische Heimstätte G. m. b. H., Hannover, Lavestraße 39 a,
k) Westfälische Heimstätte G. m. b. H., Dortmund, Märkische Straße 290 (Postschließfach 867),
l) Hessische Heimstätte G. m. b. H., Kassel, Jordanstraße 1 (Postschließfach 347),
m) Nassauische Heimstätte G. m. b. H., Frankfurt a. M., Hermann-Göring-Ufer 13,
n) Rheinische Heimstätte G. m. b. H., Düsseldorf, Landeshaus (Postschließfach 321).

Bayern: Bayerische Bauernsiedlung G. m. b. H. in München 2 NO und die Saarpfälzische Heimstätte in Neustadt a. d. W.
Sachsen: Landessiedlungsgesellschaft Sachsen G. m. b. H. in Dresden.
Württemberg: Württembergische Heimstätte G. m. b. H. in Stuttgart-Ost.
Baden: Badische Heimstätte in Karlsruhe, Schloßplatz 13.
Thüringen: Gemeinnützige Thüringische Heimstätte AG. in Weimar.
Hessen: Nassauische Heimstätte in Frankfurt a. M. und die Gewobag in Frankfurt a. M.
Mecklenburg: Mecklenburgische Heimstätte G. m. b. H. in Schwerin.
Oldenburg:

a) die ländlichen Amtsverbände und die Gemeinnützige Wohnungsbaugesellschaft für den Amtsbezirk Cloppenburg G. m. b. H. in Cloppenburg;
b) die Oberbürgermeister der Städte Oldenburg, Wilhelmshaven und Delmenhorst;
c) die Gemeinnützige Wohnungsbaugesellschaft für den Amtsverband Vechta G. m. b. H. in Vechta;
d) die Gemeinnützige Wohnungsbaugesellschaft „Wesermarsch" m. b. H. in Brake i. O.;
e) Wohnungsbaugesellschaft Friesland G. m. b. H. in Jever.

Braunschweig: Dietrich Klagges Gartenstadt, Gemeinnützige AG. in Braunschweig.
Anhalt: Mitteldeutsche Heimstätte G. m. b. H., Magdeburg.
Bremen: Amt für Wohnung und Siedlung.
Lippe: Kreise Detmold und Lemgo.
Hamburg: Hamburgische Baubank in Hamburg.
Saarland: Saarpfälzische Heimstätte G. m. b. H. in Neustadt a. d. W.

Laufende und erweiterte laufende Kinderbeihilfen.

Nach den gesetzlichen Bestimmungen können kinderreiche Familien auf Antrag zum teilweisen Ausgleich der Familienlasten außer den einmaligen Kinderbeihilfen auch noch laufende und erweiterte laufende Kinderbeihilfen erhalten.

Der für die Gewährung laufender und erweiterter laufender Kinderbeihilfen in Frage kommende Personenkreis ist in drei große Gruppen eingeteilt, die sich hinsichtlich der Art ihres Einkommens, der Zahl der zu berücksichtigenden Kinder und der Höhe der zu bewilligenden Beträge voneinander unterscheiden.

Welches sind nun die Voraussetzungen, die von den drei Gruppen der Beihilfeempfänger erfüllt werden müssen?

Höchstgrenze des Einkommens.

1. Die Höchstgrenze der Bezüge (Lohn, Gehalt, Einkommen aus Gewerbe, Handel, Kapital usw.) der Eltern oder der sonst zum Unterhalt der Kinder Verpflichteten ist für alle drei Gruppen auf 8000 RM festgesetzt. Diese Grenze darf, einschließlich der Einkünfte der mitzuzählenden Kinder, im abgelaufenen Kalenderjahr nicht überschritten worden sein. Bei dieser Feststellung ist der ermittelte Betrag auf die nächsten vollen 50 Reichsmark nach unten abzurunden.

A. Die größere Gruppe der Beihilfeempfänger besteht aus den sozialversicherungspflichtigen

Arbeitnehmern, oder anders ausgedrückt, aus den Lohn- und Gehaltsempfängern.

Einkunftsarten der Lohn- und Gehaltsempfänger.

Die Einkünfte der zu dieser Gruppe von Beihilfeempfängern gehörenden Eltern oder sonst zum Unterhalt der Kinder Verpflichteten setzen sich vornehmlich aus folgenden Einkunftsarten zusammen:

a) Einkünfte aus nichtselbständiger Arbeit (Gehälter, Löhne, Provisionen, Wartegelder, Ruhegelder, Witwen- und Waisengelder und andere Bezüge und Vorteile aus früheren Dienstleistungen usw.),

b) aus wiederkehrenden Bezügen (vererbliche und unvererbliche Renten, Invaliden-, Unfall- und Knappschaftsversicherungsrenten, Unterhaltszuschüsse der Eltern und Kinder usw.),

c) aus steuerfreien Einkünften (Versorgungsgebührnissen, Verstümmelungszulagen, Bezügen der Witwen und Waisen an Stelle der Kriegsversorgung, Zuschüssen nach dem Militärpensionsgesetz, Militärversorgungsgesetz, Kolonialbeamtengesetz und Unfallfürsorgegesetz, Zivilversorgungsentschädigungen, Krankenversicherungs-, Unfallversicherungs-, Reichsversicherungsbezügen und Sachbezügen auf Grund dieser Gesetze, wie Kuren, Krankheitsbehandlung, Bäder, Heilstättenaufenthalt usw., Arbeitslosen-, Kurzarbeiter- und Familienunterstützungen, Bezügen aus öffentlichen Mitteln oder aus öffentlichen Stiftungen wegen Hilfsbedürftigkeit, z. B. Wohlfahrtsunterstützungen usw. und aus solchen Einkünften, die auf Grund von Doppelbesteuerungsabkommen von der Einkommensteuer im Deutschen Reich befreit sind.

Laufende Kinderbeihilfen für Lohn- und Gehaltsempfänger.

Erweiterte laufende Kinderbeihilfen für Lohn- und Gehaltsempfänger.

Beihilfeempfänger mit Einkünften der vorgenannten Arten können erhalten, wenn sie und ihre Familie die auf S. 30 bis 32 angegebenen Voraussetzungen erfüllen: eine laufende Kinderbeihilfe von je 10 RM monatlich für das fünfte und jedes weitere Kind und daneben eine erweiterte laufende Kinderbeihilfe für das dritte und jedes weitere Kind von monatlich 10 RM. Es gelangen also zur Auszahlung: für das dritte und vierte Kind je 10 RM und vom fünften Kind ab für jedes weitere Kind je 20 RM, das sind z. B. bei sieben Kindern monatlich 80 RM.

Einkunftsarten der Nichtsozialversicherungspflichtigen.

B. Die zweite, kleinere Gruppe umfaßt alle Nichtsozialversicherungspflichtigen, deren Bezüge nicht aus Lohn oder Gehalt bestehen, sondern aus folgenden Einkommensarten herrühren:

1. Land- und Forstwirtschaft,
2. Gewerbebetrieb,
3. selbständige Arbeit,
4. Kapitalvermögen,
5. Vermietung und Verpachtung,
6. Spekulationsgeschäften (§ 23 Einkst.-Ges.),
7. Leistungen (z. B. aus Vermietungen, gelegentlichen Vermittlungen und Vermietung beweglicher Gegenstände u. a.).
8. Hinzuzurechnen sind hier auch die Einkünfte, die auf Grund von Doppelbesteuerungsabkommen im Deutschen Reich von der Einkommensteuer befreit sind, und die im § 13 Abs. 3 des Einkommensteuer-

gesetzes bezeichneten Freibeträge bis zu 3000 RM bei einem Einkommen von weniger als 8000 RM aus Land- und Forstwirtschaft.

Keine erweiterten laufenden Kinderbeihilfen für Nichtsozialversicherungspflichtige. Kinderzahl.

Nichtsozialversicherungspflichtige erhalten keine erweiterten laufenden Kinderbeihilfen, sondern nur laufende Kinderbeihilfen von 10 RM monatlich für das fünfte und jedes weitere Kind. Voraussetzung ist auch bei ihnen, daß sie die auf S. 30 bis 32 angegebenen Bedingungen erfüllen.

Antragsteller mit Einkünften aus nichtselbständiger und selbständiger Arbeit.

C. Außer den unter A und B aufgeführten beiden Gruppen gibt es noch eine dritte Gruppe von Beihilfeempfängern, nämlich die, deren Einkünfte sich zum Teil aus nichtselbständiger Arbeit (zu vgl. die Einkunftsarten unter A a bis c) und zum Teil aus selbständiger Arbeit (zu vgl. die Einkunftsarten unter B 1 bis 8) zusammensetzen. Bei Antragstellern aus dieser Gruppe ist das Einkommen aus nichtselbständiger Arbeit mit dem aus selbständiger Arbeit zu vergleichen. Nur wenn sich ergibt, daß das nichtselbständige Einkommen mindestens ein Drittel der gesamten Einkünfte der Familie im vorhergegangenen Kalenderjahr betragen hat, können ihr auch für das dritte und für jedes weitere Kind erweiterte laufende Kinderbeihilfen angewiesen werden. Erreicht das Einkommen aus nichtselbständiger Arbeit aber diese Grenze nicht, so kann diese Familie nur laufende Kinderbeihilfen in Höhe von 10 RM für das fünfte und jedes weitere Kind erhalten.

Warum unterschiedliche Behandlung?

Die unterschiedliche Behandlung der drei Gruppen von Kinderbeihilfeempfängern ist in der Herkunft der Mittel begründet, die als Kinderbeihilfen Verwendung finden. Während der weitgehende Ausbau der Kinderbeihilfen für die Lohn- und Gehaltsempfänger mit Mitteln aus dem Aufkommen an Arbeitslosenversicherungsbeiträgen erfolgt, die nach Überwindung der Massenarbeitslosigkeit frei geworden sind und die nur zugunsten von Sozialversicherten verwendet werden dürfen, werden die Mittel für die Kinderbeihilfen der Nichtsozialversicherten den Rückflüssen der vom Reich gewährten Ehestandsdarlehen entnommen.

Das vom Einkommen und Arbeitslohn Gesagte gilt für Eltern und sonst zum Unterhalt Verpflichtete, also auch für Stief-, Adoptiv- und Pflegeeltern.

Pflegegelder.

Pflegegelder, die aus öffentlichen Mitteln gezahlt werden, sind dem Pflegevater als Einkommen nicht anzurechnen.

Das Einkommen eines Elternteils, der infolge Ehescheidung oder aus sonstigen Gründen dauernd von seiner Familie getrennt lebt, bleibt bei der Ermittelung des Einkommens oder der sonst in Betracht kommenden Bezüge außer Ansatz.

Unterhaltszuschüsse.

Die von einem dauernd von seiner Familie getrennt lebenden Elternteil an die Familie gezahlten Unterhaltszuschüsse sind jedoch, wie schon ausführt, mitzuzählen.

Beschwerde gegen die nicht zutreffende Ermittelung des Einkommens und Vermögens.

Gegen die Feststellung des für die Gewährung laufender und erweiterter laufender Kinderbeihilfen maßgebenden

Einkommens ist das Beschwerdeverfahren nach den Vorschriften der Reichsabgabenordnung gegeben, wenn ein Antrag auf Gewährung laufender Kinderbeihilfen wegen der Höhe des festgestellten Einkommens oder der festgestellten Bezüge abgelehnt wird und wenn dieses Einkommen oder diese Bezüge nicht bereits im Besteuerungsverfahren rechtskräftig festgestellt worden sind. Diese Bestimmungen gelten sinngemäß für die Ermittelung des Vermögens und für die Feststellung, ob einem Unterhaltsverpflichteten die erweiterten laufenden Kinderbeihilfen zustehen.

Voraussetzungen, die noch zu erfüllen sind.

Welches sind nun die weiteren Voraussetzungen, die von den drei Gruppen der Beihilfeempfänger erfüllt werden müssen?

Kinderzahl.

2. Die Familie der Sozialversicherungspflichtigen muß, wie schon ausgeführt, mindestens drei oder mehr Kinder und die der Nichtsozialversicherungspflichtigen aber mindestens fünf oder mehr Kinder umfassen, die das 16. Lebensjahr noch nicht vollendet haben.

Nicht nur eigene eheliche Kinder zählen mit.

Auch die Abkömmlinge von Kindern, Stiefkindern und Adoptivkindern und Pflegekinder und deren Abkömmlinge gelten in diesem Sinne als mitzuzählende Kinder, wenn dem zum Unterhalt der Familie Verpflichteten den Vorschriften des Einkommensteuergesetzes gemäß für sie Kinderermäßigung zustehen oder Ermäßigung der Einkommensteuer zu gewähren sein würde.

Zu beachten ist, daß nur solche Kinder berücksichtigt werden, für deren Unterhalt oder Erziehung der Unterhaltsverpflichtete tatsächlich mindestens teilweise sorgt.

Wann zählen auch Kinder im Alter von 16 bis 21 Jahren mit?

Ausnahmsweise können auch Kinder, die das 16. Lebensjahr, aber noch nicht das 21. Lebensjahr vollendet haben, als mitzuzählende Kinder gelten, wenn die Familie fünf oder mehr Kinder im Sinne der vorstehenden Ausführungen hat, die sich in der Schulausbildung oder in der Ausbildung für einen künftig gegen Entgelt auszuübenden Lebensberuf befinden oder dauernd erwerbsunfähig sind, und wenn sie nicht ein eigenes Einkommen von mindestens 30 RM monatlich haben.

Deutsche Staatsangehörigkeit und Deutschblütigkeit.

3. Die Eltern müssen Deutsche Staatsangehörige und Deutschen oder artverwandten Blutes sein.

Danziger Staatsangehörige, die ihren Wohnsitz oder gewöhnlichen Aufenthalt im Deutschen Reichsgebiet haben, sind wie Deutsche Staatsangehörige zu behandeln.

Artverwandten Blutes sind im allgemeinen die Völker Europas, auch dann, wenn sie in anderen Erdteilen leben.

(Wegen Juden, Zigeunern und Mischlingen zu vergleichen die Ausführungen zu Nr. 1 auf S. 9 und 10 der einmaligen Kinderbeihilfen.)

Staatenlose Ehefrauen.

Staatenlose Ehefrauen und solche mit ausländischer Staatsangehörigkeit erwerben durch die Eheschließung mit einem Deutschen Staatsangehörigen dessen Staatsangehörigkeit.

Wiederverheiratete Frauen und Witwen.

Geschiedene Ehefrauen Deutscher Staatsangehörigkeit und Witwen verlieren bei einer Wiederverheiratung mit einem Ausländer ihre Deutsche Staatsangehörigkeit. Ihre Kinder sind daher im Sinne dieses Gesetzes Kinder einer Ausländerin und scheiden bei der Bewilligung von laufenden und erweiterten laufenden Kinderbeihilfen aus. Dieses gilt auch für ledige Frauen mit Kindern.

Keine doppelte Beschaffung von Nachweisen.

Ist der Nachweis zu 3. bereits einer Behörde oder Dienststelle der NSDAP. erbracht worden, so genügt die Vorlegung einer entsprechenden Bescheinigung der genannten Stellen.

Besitz der bürgerlichen Ehrenrechte, Treue zu Volk und Reich.

4. Die Eltern müssen im Besitz der bürgerlichen Ehrenrechte sein, und es muß nach ihrem Verhalten anzunehmen sein, daß sie gewillt und geeignet sind, in Treue dem Deutschen Volk und Reich zu dienen.

Wer wegen schlechten Verhaltens gegenüber Volk und Staat gerichtlich bestraft ist und die bürgerlichen Ehrenrechte verloren hat, der soll auch nicht an den Vergünstigungen des Staates teilnehmen.

Vorleben, Leumund, soziales Verhalten.

5. Vorleben, Leumund und soziales Verhalten der Eltern müssen erwarten lassen, daß die Beihilfen zur Besserung der wirtschaftlichen Lage der Familie verwendet werden.

Höhe des Einkommens.

6. Das Einkommen oder die Bezüge der Eltern oder sonst zum Unterhalt der Kinder Verpflichteten dürfen die unter Ziffer 1 (S. 25) angegebene Grenze in dem maßgebenden Kalenderjahr nicht überstiegen haben.

Höhe des Vermögens.

7. Das Vermögen der Eltern oder der sonst zum Unterhalt der Kinder Verpflichteten zuzüglich des Vermögens der mitzuzählenden Kinder darf

50 000 RM nicht übersteigen. Diese Grenze erhöht sich um je 10 000 RM für das sechste und jedes weitere mitzuzählende Kind.

Bei unehelichen Kindern bleibt das Vermögen des Vaters außer Betracht.

Das Vermögen eines durch Scheidung aus der Familie ausgeschiedenen Elternteils wird nur insoweit berücksichtigt, als es im Falle des Todes dieses Elternteils den mitzuzählenden Kindern als Pflichtteil zufallen würde.

Stief-, Adoptiv- und Pflegeeltern.

Stief-, Adoptiv- und Pflegeeltern stehen den Eltern gleich, doch wird bei ihnen die Frage, ob schwerwiegende gesundheitliche Bedenken gegen sie bestehen, die eine Förderung der Kinder aus erbpflegerischen Gründen nicht angebracht erscheinen lassen, nicht geprüft.

Werden laufende oder erweiterte laufende Kinderbeihilfen an Stief-, Adoptiv- oder Pflegeeltern gewährt, so müssen in diesem Falle auch die Eltern der Kinder Deutsche Staatsangehörige und Deutschen oder artverwandten Blutes sein oder gewesen sein. (Zu vergleichen die Ausführungen unter lfd. Nr. 3 über die Deutsche Staatsangehörigkeit und Deutschblütigkeit.)

Tod eines Elternteils, Ehescheidung.

Laufende Kinderbeihilfen können auch dann bewilligt werden, wenn ein Elternteil durch Tod oder Scheidung der Ehe aus der Familie ausgeschieden ist. In diesem Falle müssen die unter lfd. Nr. 3 aufgeführten Voraussetzungen über die Deutsche Staatsangehörigkeit und die deutschblütige Abstammung auch bei dem geschiedenen oder verstorbenen Elternteil vorliegen oder vorgelegen haben. Außerdem dürfen auch bei beiden Elternteilen keine schwerwiegenden gesundheitlichen Bedenken bestehen oder bestanden haben, die eine Förderung der Kinder aus erbpflegerischen Gründen nicht angebracht erscheinen lassen.

Welche Voraussetzungen muß der uneheliche Vater erfüllen?

Wenn die Vaterschaft eines unehelichen Vaters einwandfrei festgestellt ist, so müssen auch bei ihm die unter lfd. Nr. 3 angegebenen Voraussetzungen betreffend die Deutsche Staatsangehörigkeit und die Deutschblütigkeit vorliegen oder vorgelegen haben. Auch bei ihm dürfen keine schwerwiegenden gesundheitlichen Bedenken bestehen oder bestanden haben, die eine Förderung der Kinder aus erbpflegerischen Gründen nicht angebracht erscheinen lassen.

Kinderbeihilfen an Witwen, geschiedene und ledige Frauen.

Laufende Kinderbeihilfen für ein Kind können, sofern alle Bedingungen erfüllt sind, auch gewährt werden, wenn eine Witwe, eine geschiedene oder eine ledige Frau für weniger als fünf Kinder unter 16 Jahren zu sorgen hat. Diese Frauen können ausnahmsweise auch für ein Kind erweiterte laufende Kinderbeihilfen erhalten, wenn sie für weniger als drei Kinder unter 16 Jahren zu sorgen haben. Das gleiche gilt für Erziehungsberechtigte, die für vollverwaiste Kinder sorgen, soweit diese Kinder nicht etwa schon bei der Gewährung von laufenden oder erweiterten laufenden Kinderbeihilfen mitgezählt werden.

An welche Dienststelle ist der Antrag zu richten?

Der Antrag auf Gewährung laufender und erweiterter laufender Kinderbeihilfen ist bei dem Finanzamt einzureichen, in dessen Bezirk der Antragsteller zur Zeit der Antragstellung seinen Wohnsitz oder gewöhnlichen Aufenthalt hat.

Für den Antrag ist ein Vordruck zu benutzen, der durch die Finanzämter unentgeltlich abgegeben wird.

Wer ist zur Stellung des Antrags berechtigt?

Berechtigt zur Stellung des Antrags auf Gewährung laufender und erweiterter laufender Kinderbeihilfen ist der gesetzliche Vertreter der Kinder oder der Elternteil, Stief-, Adoptiv- oder Pflegeelternteil, der für den Unterhalt der Kinder tatsächlich sorgt.

Welche Urkunden sind dem Antrag beizufügen?

Dem Antrag auf Gewährung laufender und erweiterter laufender Kinderbeihilfen sind, sofern dies nicht schon bei der Beantragung einmaliger Kinderbeihilfen oder Siedlungskinderbeihilfen geschehen sein sollte, folgende Urkunden beizufügen:

1. **die Geburtsurkunden der Kinder,**
2. **die Heiratsurkunden ihrer Eltern,**
3. **die Heiratsurkunden der Großeltern der Kinder väterlicherseits,**
4. **die Heiratsurkunden der Großeltern der Kinder mütterlicherseits.**

An Stelle der vollständigen Geburtsurkunden der Kinder können Geburtsscheine, in denen auch die Namen der Eltern angegeben sind, oder Familienstammbücher, welche die erforderlichen Angaben enthalten, beigefügt werden.

Kostenlose Ausstellung von Bescheinigungen usw.

Alle Bescheinigungen, Zeugnisse und Urkunden, die von Behörden und Dienststellen zum Zwecke der Erlangung laufender und erweiterter laufender Kinderbeihilfen ausgestellt werden, sind kosten- und gebührenfrei. Dies gilt nicht für Auslandsbehörden.

Keine laufenden Kinderbeihilfen für Soldaten und Beamte.

Soldaten der Wehrmacht und Beamten werden für diejenigen beihilfeberechtigten Kinder, für die sie Kinderzulagen oder Kinderzuschläge beziehen, laufende und erweiterte laufende Kinderbeihilfen nicht gewährt.

Kinderbeihilfen für Personen bei öffentlichen Verwaltungen und Betrieben.

Anderen Personen, die bei öffentlichen Verwaltungen oder Betrieben beschäftigt sind, werden für diejenigen beihilfeberechtigten Kinder, für die sie Kinderzulagen oder Kinderzuschläge beziehen, nur erweiterte laufende Kinderbeihilfen gewährt. Würden dabei die für das einzelne Kind gewährte Kinderzulage oder der Kinderzuschlag und die für dieses Kind zu gewährende erweiterte laufende Kinderbeihilfe zusammen höher sein als der Betrag, der einem Reichsbeamten für dieses Kind als Kinderzuschlag zustehen würde, so wird die erweiterte laufende Kinderbeihilfe um diesen Betrag gekürzt.

Zahlung und Einstellung laufender Kinderbeihilfen.

Die laufenden und erweiterten laufenden Kinderbeihilfen werden erstmalig für den Monat gewährt, in dem die Voraussetzungen für die Gewährung eingetreten sind. Sie werden letztmalig für den Monat gewährt, in dem alle Voraussetzungen für die Gewährung letztmalig vorhanden gewesen sind.

Nachträgliche Gewährung von Kinderbeihilfen.

Im Fall der Geburt eines weiteren Kindes wird die laufende Kinderbeihilfe für dieses Kind erstmalig für den Monat gewährt, in dem das Kind geboren ist, bei nachträglicher Beantragung jedoch frühestens vom Beginn des Kalendervierteljahres ab, in dem der Antrag gestellt worden ist.

Das Finanzamt entscheidet über die Anträge.

Das Finanzamt entscheidet über die eingegangenen Anträge und erteilt den Antragstellern einen Bescheid über die Bewilligung oder Ablehnung.

Keine Angabe der Ablehnungsgründe.

Die Gründe, welche zur Ablehnung eines Antrages geführt haben, werden dem Antragsteller nicht mitgeteilt.

Zahlung der Kinderbeihilfen in bar.

Die laufenden Kinderbeihilfen werden durch die Kasse desjenigen Finanzamts ausgezahlt, das für die Einreichung und Bearbeitung des eingereichten Antrags zuständig war, sofern nicht durch Wechsel des Wohnsitzes inzwischen ein anderes Finanzamt zuständig geworden ist. Die Auszahlung erfolgt nicht, wie bei den einmaligen Kinderbeihilfen, in Form von Bedarfsdeckungsscheinen, sondern in bar durch Postscheckiiberweisung, und zwar für den abgelaufenen Monat meist in der Zeit vom 3. bis zum 10. des nächsten Monats.

Kinderbeihilfen sind nicht pfändbar und einkommensteuerfrei. Keine Anrechnung.

Der Anspruch auf Auszahlung von laufenden Kinderbeihilfen ist weder übertragbar noch pfändbar. Kinderbeihilfen sind einkommensteuerfrei.

Eine Anrechnung der laufenden Kinderbeihilfen auf Arbeitslosen-, Krisen-, Wohlfahrts-, Familienunterstützung u. dgl. ist nicht zulässig.

Pflichten des Beihilfeempfängers.

Sind Beihilfen bewilligt worden, so übernimmt der Beihilfeempfänger zugleich mit ihrem Bezug auch Verpflichtungen, auf deren gewissenhafte Beachtung hier ganz besonders aufmerksam gemacht wird.

Der Beihilfeempfänger ist verpflichtet, dem zuständigen Finanzamt ohne Aufforderung sofort Anzeige zu erstatten, sobald er

1. **für eins der für die Gewährung von laufenden Kinderbeihilfen mitzuzählenden Kinder nicht mehr zu sorgen hat,**
2. **eine Beschäftigung bei einer öffentlichen Verwaltung oder bei einem öffentlichen Betriebe aufgenommen hat und dort Kinderzulagen oder Kinderzuschläge bezieht,**
3. **die bürgerlichen Ehrenrechte verloren hat oder**
4. **seinen Wohnsitz oder seine Wohnung ändert.**

Zu Beginn eines jeden Kalenderjahres hat er

5. **a) seine Einkommensverhältnisse und**
   b) seine Vermögensverhältnisse des abgelaufenen Kalenderjahres darzulegen.
6. **Am Schluß eines jeden Rechnungsjahres ist eine polizeiliche Lebensbescheinigung über seine beihilfeberechtigten Kinder, die am 31. März jedes Jahres nach seinem Antrag zu seiner Familie gehören und für die er zu sorgen hat, vorzulegen.**

Zugleich mit der Bescheinigung zu 6 ist auch

7. **eine polizeiliche Bescheinigung darüber beizubringen, daß der Beihilfeempfänger und sein nicht dauernd von ihm getrennt lebender Ehegatte seit Beginn des abgelaufenen Kalenderjahres nicht mit Gefängnis- oder Zuchthausstrafen bestraft worden sind.**

Der Beihilfeempfänger macht sich des Betruges schuldig und setzt sich einer strafrechtlichen Verfolgung aus, wenn er falsche Angaben macht oder ihm obliegende Anzeigen an das Finanzamt unterläßt und dadurch vorsätzlich herbeiführt, daß ihm laufende oder erweiterte laufende Kinderbeihilfen zu Unrecht gezahlt werden.

Ausbildungsbeihilfen.

Beihilfen für Schulgeld, Kosten der Lebenshaltung des Kindes, Fahrgeld und zur Beschaffung von Lehrmitteln.

Eine weitere außerordentlich großzügige Hilfsmaßnahme der Regierung des nationalsozialistischen Deutschen Reichs für kinderreiche Familien ist die Einführung von Ausbildungsbeihilfen. Sie werden dazu beitragen, daß in Zukunft auch den Ärmsten der Weg nach oben freigemacht und der früher oft gehörte, aber nicht angewandte Ausspruch: „Freie Bahn dem Tüchtigen" in die Tat umgesetzt wird. Gar manche Sehnsucht sorgender Eltern und vorwärtsstrebender junger Menschen wird in Zukunft durch die Gewährung von Ausbildungsbeihilfen erfüllt werden können.

Welche Kinder kommen für eine Förderung in Frage?

Nach den Richtlinien zur Gewährung von Ausbildungsbeihilfen können an Kinder solcher kinderreicher Familien, deren besondere Förderung nach nationalsozialistischer Weltanschauung geboten erscheint, ganze oder Teilfreistellen oder Ausbildungsbeihilfen zum Besuch von mittleren und höheren Schulen, von Fachschulen und Hochschulen gewährt werden.

Welche Familien gelten als kinderreich?

Kinderreich im Sinne dieser Richtlinien sind Familien mit mindestens vier aus der Ehe hervorgegangenen Kindern, die zur Zeit der Antragstellung noch leben.

Es kommt hier nicht darauf an, wie alt die Kinder sind, ob einige Kinder bereits verheiratet sind, oder ob sie ein eigenes Einkommen beziehen. Auch Stief- und Adoptivkinder werden mitgezählt. Witwen, alleinstehende oder geschiedene Frauen gelten auch dann als kinderreich, wenn sie weniger als vier Kinder haben.

Wer ist antragsberechtigt?

Antragsberechtigt sind: der Unterhaltsverpflichtete oder der gesetzliche Vertreter und das Kind selbst, wenn es volljährig ist oder für volljährig erklärt worden ist.

Für die Anträge sind Vordrucke zu verwenden.

Für die Antragstellung und für spätere Weiterbewilligungsanträge sind Vordrucke zu verwenden, die von den Finanzämtern unentgeltlich ausgehändigt werden.

Aus den Vordrucken sind auch die Anlagen ersichtlich, die dem Antrag beizufügen sind.

Sollen für mehrere Kinder einer Familie Ausbildungsbeihilfen beantragt werden, so ist für jedes Kind ein besonderer Antrag einzureichen.

Wird der Antrag von einem Volljährigen selbst gestellt, so sind die Vordrucke handschriftlich entsprechend zu ändern.

Bis wann und an welche Dienststelle sind die Anträge einzureichen?

Anträge auf Ausbildungsbeihilfen für höhere und mittlere Schulen, nationalpolitische Erziehungsanstalten, Fachschulen und Berufsfachschulen (für Hochschulen zu vgl.

S. 47) sind bis zum 1. März jedes Jahres bei dem Leiter der Schule zu stellen, deren Besuch durch Gewährung einer Ausbildungsbeihilfe ermöglicht werden soll.

Für welche Schulen werden Beihilfen gewährt?

Ausbildungsbeihilfen können gewährt werden zum Besuch

1. von mittleren Schulen (Mittelschulen, Rektoratsschulen, „gehobene Klassen“ bei den Volksschulen u. a.),
2. von höheren Schulen (Deutsche Oberschulen, Aufbauschulen, Gymnasien, Realgymnasien, Oberrealschulen, Realschulen, Lyzeen, Oberlyzeen u. a.),
3. der mehr als 1000 Fachschulen (Bauschulen, Maschinenbauschulen, Handwerkerschulen, Textilfachschulen, technische Staatslehranstalten für Hoch- und Tiefbau, Seefahrschulen, Seemaschinisten-, Schiffsingenieur- und höhere Schiffsingenieurschulen, Landwirtschaftsschulen, höhere Landbauschulen, Landfrauenschulen, gärtnerische Fachschulen, Kulturbauschulen, sozialpädagogische Seminare, Volkspflegeschulen u. a.),
4. von Berufsfachschulen (Handelsschulen, höhere Handelsschulen usw.),
5. von nationalpolitischen Erziehungsanstalten,
6. des Großen Militär-Waisenhauses in Potsdam, der Nationalen Deutschen Oberschule Starnberg in Feldafing und des Erziehungsinstituts Albertinum in München und
7. von Hochschulen.

Unter „Schulen“ sind nicht nur staatliche und gemeindliche, sondern beim Vorliegen bestimmter Voraussetzungen auch Privatschulen zu verstehen.

Für welche Schulen werden keine Beihilfen gewährt?

Ausbildungsbeihilfen kommen nicht in Frage für den Besuch von Volksschulen, Berufsschulen, Ersatz-Berufsschulen, Werkschulen und Innungsfachschulen, die junge Leute pflichtmäßig während ihrer praktischen Ausbildung oder Arbeit besuchen, sowie für Haushaltungsschulen zur Vorbereitung für die Tätigkeit im Haushalt usw., von Fachklassen der Dentistenpraktikanten und für die zweijährige Ausbildung in einer Lehrapotheke.

Welche Voraussetzungen müssen die Antragsteller erfüllen?

Von den Antragsberechtigten (Eltern bzw. volljährige oder für volljährig erklärte Kinder) sind folgende Voraussetzungen zu erfüllen, wenn ihr Antrag Aussicht auf Erfolg haben soll:

1. **Sie müssen Deutsche Staatsangehörige, Deutschen oder artverwandten Blutes sein.**

(Zu vergleichen hierzu die Ausführungen zu lfd. Nr. 1 auf S. 9 der einmaligen Kinderbeihilfen.)

2. **Sie müssen im Besitz der bürgerlichen Ehrenrechte sein, und es muß nach ihrem Verhalten anzunehmen sein, daß sie gewillt und geeignet sind, in Treue dem Deutschen Volk und Reich zu dienen.**

(Zu vergleichen hierzu die Ausführungen zu lfd. Nr. 2 und 3 auf S. 11 der einmaligen Kinderbeihilfen.)

3. **Vorleben, Leumund und soziales Verhalten der Eltern müssen erwarten lassen, daß die Beihilfen zur Besserung der wirtschaftlichen Lage der Familie verwendet werden.**

Die erforderlichen Erhebungen über Vorleben, Leumund und soziales Verhalten der Eltern erfolgen durch die NSV. und die örtliche Familienfürsorge der Gemeinden.

Die Finanzämter sind gehalten, bei Prüfung der eingegangenen Berichte einen strengen Maßstab anzulegen.

4. **Das Kind muß erbgesund und geistig und sportlich entwicklungsfähig sein.**

Die ärztliche Untersuchung zur Feststellung der Erbgesundheit erfolgt auf Veranlassung des Finanzamts durch das Gesundheitsamt und ist kostenfrei. Das Urteil über die geistige und sportliche Entwicklungsfähigkeit gibt der Schulleiter ab. Die Vorlage des Ehrenbuches des Reichsbundes der Kinderreichen gilt als Nachweis der Erbgesundheit.

5. **Dem Unterhaltsverpflichteten darf nach seinen Einkommens- und Vermögensverhältnissen billigerweise nicht zugemutet werden können, daß er die Kosten der Ausbildung ohne Beihilfe aus öffentlichen Mitteln trägt.**

6. **Es darf nicht anzunehmen sein, daß dem Kind eine Ausbildungsbeihilfe aus anderen öffentlichen Mitteln oder aus Stiftungen gewährt werden könnte. Ermäßigung von Schulgeld oder Studiengeld gilt nicht als Beihilfe in diesem Sinn. Die Gewährung von Ausbildungsbeihilfen nach diesen Richtlinien darf nicht dazu führen, daß Quellen, aus denen bisher Ausbildungsbeihilfen geflossen sind, in Zukunft weniger ergiebig fließen.**

In besonderen Fällen kann der Reichsminister der Finanzen auch dann Ausbildungsbeihilfen und Freistellen gewähren, wenn die hier geforderten Voraussetzungen nicht erfüllt werden.

Mitwirkung des Schulleiters.

Der Leiter der Schule prüft die eingehenden Anträge, gegebenenfalls im Benehmen mit dem Leiter der Schule, die der Schüler bisher besucht hat, ob der Schüler förderungswürdig ist und nach seiner gesamten

Veranlagung den Anforderungen der Schule genügen wird. Er fügt dem Antrag ein entsprechendes Gutachten bei, gibt die Höhe des zu zahlenden Schulgeldes an und übersendet den Antrag und das Gutachten dem Finanzamt zur weiteren Bearbeitung, in dessen Bezirk die in Frage kommende höhere oder mittlere Schule liegt (Schulfinanzamt).

Mitwirkung der Finanzämter und des Oberfinanzpräsidenten.

Das Schulfinanzamt gibt den Antrag nach Prüfung und Vervollständigung mit einem Bericht an den Oberfinanzpräsidenten weiter und schlägt diesem die Höhe der zu gewährenden Beihilfe oder die Ablehnung des Antrags vor.

Art und Höhe der Beihilfen.
Mittlere und höhere Schulen.

Zum Besuch von mittleren und höheren Schulen werden folgende Ausbildungsbeihilfen gewährt:

1. **Beihilfen für das Schulgeld, oder**
2. **Beihilfen für die Kosten der Lebenshaltung des Kindes, gegebenenfalls Fahrkosten, oder**
3. **Beihilfen für die Beschaffung von Lehrmitteln.**

Diese Beihilfen können auch nebeneinander gewährt werden.

Beihilfen für das Schulgeld werden in Höhe des Schulgeldes gewährt, das bei Berücksichtigung der gesetzlichen Geschwisterermäßigung für das einzelne Kind tatsächlich zu zahlen ist.

Schulgeldbeihilfen werden an die Schule ausgezahlt.

Beihilfen für Kinder, die außerhalb des elterlichen Haushalts wohnen müssen.

Müssen die Kinder außerhalb des Haushalts des Unterhaltsverpflichteten wohnen und verpflegt werden, weil sich am Wohnort des Unterhaltsverpflichteten keine geeigneten Ausbildungsmöglichkeiten befinden, so kann eine Beihilfe bis zu 50 RM monatlich gewährt werden. Ist das Kind in einem Schülerheim untergebracht, so wird eine Beihilfe nur gewährt, wenn das Schülerheim vom Reich, einem Land, einer Gemeinde oder einem Gemeindeverband unterhalten oder geleitet wird, oder wenn ein sonstiges Schülerheim einer Erklärung der Schulaufsichtsbehörde gemäß zur Unterbringung von Kindern geeignet ist.

Für Kinder im elterlichen Haushalt keine Beihilfen. Bei Bedürftigkeit Fahrtkosten.

Beihilfen für die Kosten der Lebenshaltung des Kindes werden nicht gewährt, solange das Kind im Haushalt des Unterhaltsverpflichteten wohnt und verpflegt wird. Es kann jedoch im Fall besonderer Bedürftigkeit für Fahrtkosten, die durch Fahrten zwischen Elternhaus und Schule entstehen, ein Pauschbetrag in der ungefähren Höhe der tatsächlich entstehenden Kosten gewährt werden. Dieser Pauschbetrag wird jeweils für ein halbes Schuljahr im voraus gezahlt.

Beihilfen für die Beschaffung von Lehrmitteln (Schulbücher, Hefte, Schreibmaterialien usw.) können im Fall besonderer Bedürftigkeit bis zu 30 RM für das Halbjahr gewährt werden.

Beihilfen für die Kosten der Lebenshaltung des Kindes, Fahrtkosten und Beihilfen für die Beschaffung von Lehrmitteln werden an den Antragsteller ausgezahlt.

Wird das Kind in einer Nationalpolitischen Erziehungsanstalt untergebracht, so wird eine Ausbildungsbeihilfe gewährt, aus der auch die Lehrmittel und sonstigen Gegenstände, die an der Nationalpolitischen Erziehungsanstalt verlangt werden, gezahlt werden können.

Diese Ausbildungsbeihilfe für Unterbringung und Unterricht wird monatlich an die Nationalpolitische Erziehungsanstalt ausgezahlt; die Mittel für die Beschaffung von Lehrmitteln und sonstigen Gegenständen werden an den Antragsteller ausgezahlt.

Fachschulen und Berufsfachschulen.

Beim Besuch von **Fachschulen** (Bauschulen, Maschinenbauschulen, Handwerkerschulen usw.) und **Berufsfachschulen** (Handelsschulen, höhere Handelsschulen usw.) wird eine Beihilfe in Höhe der tatsächlich aufgewendeten Lehrgebühren, höchstens jedoch ein Betrag von 100 RM für das Studienhalbjahr, gewährt. Dabei wird der zu gewährende Betrag auf volle 10 RM nach oben aufgerundet.

Der Reichsminister der Finanzen kann in besonderen Ausnahmefällen zulassen, daß der Betrag von 100 RM überschritten wird.

Muß das Kind außerhalb des Haushalts des Unterhaltsverpflichteten untergebracht und verpflegt werden, so kann daneben eine Beihilfe für die Lebenshaltungskosten in Höhe von 300 RM für das Halbjahr gewährt werden. Der Oberfinanzpräsident kann in einzelnen Fällen bestimmen, daß dieser Betrag in Teilbeträgen von je 50 RM zu Beginn eines jeden Monats ausgezahlt wird.

Beihilfen zur Beschaffung von Lehrmitteln werden nicht bewilligt.

Weiterbewilligung von Ausbildungsbeihilfen.

Wünscht der Antragsberechtigte später die Weiterbewilligung der Ausbildungsbeihilfen für das nächste Schulhalbjahr

(Semester), so hat er am Schluß des Schulhalbjahrs (Semester), auf besonderem Vordruck einen Verlängerungsantrag bei dem Schulleiter einzureichen. Der Schulleiter erstattet ein Gutachten darüber, ob die Voraussetzungen für die Weiterbewilligung fortbestehen. Er legt den Verlängerungsantrag mit dem Gutachten dem Schulfinanzamt vor. Dieses gibt den Antrag dem Oberfinanzpräsidenten weiter und teilt später dessen Entscheidung dem Antragsteller mit.

Ausbildungsbeihilfen und Schulgeld zum Besuch von Fachschulen und Berufsfachschulen werden an die Antragsteller ausgezahlt. Die Bewilligung gilt für ein Semester (Schulhalbjahr).

Abweichende Bestimmungen für Bewerber um Beihilfen für ein Hochschulstudium.

Sollen Ausbildungsbeihilfen für ein **Hochschulstudium** beantragt werden, so ist der Antrag rechtzeitig vor Beginn des Semesters an das Finanzamt zu richten, in dessen Bezirk sich der Wohnsitz des Antragstellers befindet (Wohnsitzfinanzamt).

Den Anträgen auf Gewährung von Ausbildungsbeihilfen zum Besuch von Hochschulen sind der Lebenslauf und die beglaubigte Abschrift des Reifezeugnisses beizufügen und, wenn sich das Hochschulstudium nicht unmittelbar an den Schulbesuch anschließt, auch ein polizeiliches Führungszeugnis. Ist in der Zeit zwischen Schulbesuch und Hochschulstudium Reichsarbeitsdienst oder Wehrdienst abgeleistet worden, so ist die dort erhaltene, aus dem Arbeitspaß oder Wehrpaß ersichtliche Führungsnote in beglaubigter Form nachzuweisen.

Hat der Studierende bereits andere Hochschulen besucht, so ist auch je eine Bescheinigung des Studentenwerks der besuchten Hochschulen darüber vorzulegen oder nachzureichen, ob und bejahendenfalls welche Stipendien oder andere Vergünstigungen er während des Besuchs dieser Hochschulen erhalten hat und ob er diese Stipendien u. dgl. auch in Zukunft erhalten wird.

Bewilligung gibt Anwartschaft auf alle weiteren Semester.

Das Finanzamt übersendet den Antrag mit Unterlagen nach Prüfung an den zuständigen Oberfinanzpräsidenten, der zunächst die Bewilligung für ein Semester ausspricht. Durch die Bewilligung erwirbt der Studierende die Anwartschaft auf Bewilligung der Ausbildungsbeihilfen für alle weiteren Studiensemester, die für sein Fach in den Prüfungsordnungen usw. vorgeschrieben sind.

Wünscht der Antragberechtigte die Weiterbewilligung der Ausbildungsbeihilfe für das kommende Semester, so hat er unmittelbar nach Abschluß des laufenden Semesters einen Verlängerungsantrag unter Benutzung des vorgeschriebenen Vordrucks bei dem für seinen Wohnsitz zuständigen Finanzamt einzureichen und dem Antrag die für einen Gebührenerlaß bei der Hochschule geforderten Fleißzeugnisse beizufügen.

Fleiß- und Führungszeugnisse sind vorzulegen.

Die Bewilligung für die weiteren Semester ist davon abhängig, daß der Studierende dem Oberfinanzpräsidenten ausreichende Fleiß- und Führungszeugnisse vorlegt.

Der Oberfinanzpräsident kann die Hochschule bestimmen, die besucht werden muß.

Der Oberfinanzpräsident kann die Bewilligung davon abhängig machen, daß der Studierende die Hälfte der für das Studium vorgesehenen Semesterzahl an einer bestimmten Hochschule verbringt. Der Bewilligungsbescheid wird von dem Wohnsitzfinanzamt erteilt. Abschrift erhalten die Hochschule und das Studentenwerk.

Beihilfen für den Besuch von Hochschulen.

Für Studierende an Hochschulen werden die gleichen Beihilfen gewährt wie für Kinder, die eine Fachschule oder eine Berufsschule besuchen (300 RM für das Halbjahr). Der Zuschuß für die Lehrgebühren wird jedoch auch dann in Höhe der tatsächlich gezahlten Lehrgebühren gewährt, wenn diese 100 RM im Studienhalbjahr übersteigen.

Lehrgebühren im Sinn der Richtlinien für die Gewährung von Ausbildungsbeihilfen sind alle mit dem Besuch einer Hochschule zwangsläufig verbundenen, an die Hochschulkasse zu entrichtenden Gebühren öffentlich-rechtlicher Art. Darunter fallen außer den eigentlichen Studiengebühren z. B. auch die Immatrikulationsgebühren, die allgemeinen Gebühren, das Unterrichtsgeld nach der Zahl der belegten Wochenstunden, das Ersatzgeld bei Studierenden der Medizin und der Naturwissenschaften, die Instituts- und Seminargebühren und ähnliche Gebühren. Hierunter fallen z. B. nicht die Gebühren und Kosten zur Erlangung der Doktorwürde.

Ausbildungsbeihilfen einschließlich Lehrgebühren zum Besuch von Hochschulen werden an die Antragsteller ausgezahlt.

Beihilfen dürfen nicht angerechnet werden.

Ausbildungsbeihilfen gelten niemals als eigenes Einkommen der Kinder. Sie dürfen weder zu einer Minderung der Kinderzuschläge führen, die Beamten oder Soldaten nach den Bestimmungen des Reichsbesoldungsgesetzes oder nichtbeamteten Gefolgschaftsmitgliedern nach den Tariforddnungen für Gefolgschaftsmitglieder im öffentlichen Dienst gezahlt werden, noch sind sie auf Arbeitslosen-, Wohlfahrts- oder Familienunterstützung u. dgl. anzurechnen.

Dem Finanzamt sind alle persönlichen Veränderungen anzuzeigen.

Jede Veränderung in den persönlichen oder wirtschaftlichen Verhältnissen (z. B. Verlegung des Wohnsitzes, Schulwechsel, Beendigung oder Unterbrechung der Schulausbildung, Ableben des Kindes, für das die Ausbildung gewährt wird) ist dem Finanzamt sofort unaufgefordert anzuzeigen.

Falsche Angaben werden strafrechtlich verfolgt.

Des Betrugs macht sich schuldig und setzt sich einer strafrechtlichen Verfolgung aus, wer falsche Angaben macht oder ihm obliegende Anzeigen an das Finanzamt unterläßt und dadurch vorsätzlich herbeiführt, daß Ausbildungsbeihilfen zu Unrecht gewährt werden.

Otto Walter, Buchdruckerei, Berlin SW 68.

Kolibri 360 GmbH
Ferdinand-Jühlke-Straße 7
99095 Erfurt, Deutschland
produktsicherheit@kolibri360.de